A Shorter Course in
NEWSPAPER ENGLISH
<Revised Edition>

5分間
英字新聞
<改訂版>

Takehiko Ohsawa
Ryuichiro Tsutsumi

NAN'UN-DO

A Shorter Course in
Newspaper English
\<Revised Edition\>

Copyright © 2015

by
Takehiko Ohsawa
Ryuichiro Tsutsumi

All Rights Reserved.

No part of this book may be reproduced in any form without written permission from the authors and Nan'un-do Co., Ltd.

Acknowledgments

This book could not have been prepared without the kind agreement of Messrs.
THE JAPAN TIMES

We are indebted to them for their permission to publish this book.

Nan'un-do Co., Ltd.

はじめに

「ヘッドライン」と「リード」。これこそ，新聞英語の命です。この一番大切な部分を短時間でわかりやすく理解してもらうのが本書の目的です。

「英字新聞は難しい」，「読むのに時間がかかる」という感想を持っている方も多いことでしょう。本書は，「授業の一部分を使って，新聞英語のエッセンスを学びたい」とお考えの方にとって適書といえます。見開き2ページを5分で学べることを目標に題材を選び，練習問題を作成しました。お陰様で世界のニュースを幅広くコンパクトに収めたことが評価され，版を重ねることが出来ました。

改訂新版もネット記事ではなく，全て日本で発行された英字新聞から，20の興味ある記事を選び，ヘッドラインとリードをそのまま採録しました。記事には，適切な注釈と解説をつけ，練習問題は，語彙，和訳，リスニングとバラエティーに富んだ構成にしました。

今回は，映像メディア教育の専門家，相模女子大学学芸学部英語文化コミュニケーション学科の堤龍一郎先生が共著者として，健筆を振るってくれました。

本書を刊行するにあたって，協力いただいた池田葉，細谷茜里，朴相学各氏に厚くお礼を申し上げます。また，常に著者をあたたかく見守り，適切なアドバイスを下さった南雲堂編集部加藤敦氏にも心から感謝申し上げます。

平成26年11月

大澤　岳彦　堤　龍一郎

本書の使い方

本テキストは，読解のみならず，音声素材使用によってリスニング，シャドウイングなどの練習が出来るよう，考慮しました。

1. **英文記事（音声収録）** 🎧
   的確なNOTESを参考に，ヘッドラインから始まる記事を読み，大意を捉えてください。

2. **Exercise 1　単語選択問題**
   英字新聞には，同じ語を別の語で言い換えて，表現することがよくあります。それぞれの単語の意味を的確に表している英語表現を選んで下さい。また，単語をきちんとした発音，アクセントで練習をしてみましょう。

3. **Exercise 2　和訳問題**
   記事の和訳の抜けている部分を和訳する問題です。NOTESを参考に下線部訳に挑戦してください。

4. **Exercise 3　ディクテーション問題（音声収録）** 🎧
   音声を聞き，適切な語を書き取ってください。
   自信のある方は，まず適語を補充してから，聞いて確認するという方法もあります。

5. **ニュースの言葉**
   内容理解を助けるよう，各記事から，一つの語句を選び，解説をつけました。
   興味を持った場合は，更に関連情報を検索してください。

英字新聞の読み方

英字新聞には，記事の段落構成，語法，単語の選択等に特有のルールがあります。特に読者を引きつける工夫をこらした「ヘッドライン」（見出し）の英語に初めて接すると戸惑うかもしれません。ここでは，英字新聞を読みこなすための基本ルールを説明します。

記事の種類

英字新聞の記事には，内容によって3つに分けられます。

1. Straight News	事件，事故，災害や政治，経済，社会などの最新動向。5W1H（いつ，だれが，どこで，何を，なぜ，どうした）を中心に伝えます。
2. Human interest Story	読者の興味や関心に応える記事。出来事の背景や人々への影響を伝えます。
3. Commentary	ニュースや出来事に価値判断を加え，その是非を問う記事。

構成

3つに分類される記事も，記事全体の構成は共通し，以下のように見出し（Headline），リード（Lead），本文（Body）から出来ています。

Headline	記事の標題ともいえるもの。大きな活字が使われ，紙面にどんな記事が入っているか，一目で分かるようになっています。これによって読者は，読みたい記事を新聞全体から探すわけです。
Lead	記事最初の段落です。全体の内容を理解するのに必要最低限の要素（Straight news の場合は，"5W1H"）が盛り込まれ，記事の完全な要約ともいえます。ほとんどの記事は，Headline と Lead を読めば，概要がわかるように書かれています。
Body	Lead の内容を二次的情報で補い，出来事の全体像を浮き彫りにする役目を果たします。重要な情報ほど前に書かれ，後のパラグラフになるほど，重要度が低くなります。この書き方は突発事故が起った際，長い記事がいつでも切れるようにしたり，読者が記事全体を読まなくても要点がわかるようにする工夫です。これを「逆三角形の構図」"inverted pyramidal style of diminishing importance" と呼び，ニュースライティングの基本です。

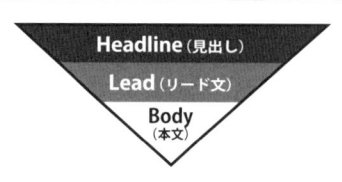

見出しのルール

限られたスペースに必要な情報を最大限に盛り込むため，いろいろなルールを決めて，字数を節約します。

(1) **動詞の現在形，意味は過去**：現在形の動詞を使用することにより，事件や事故の生々しさや臨場感を伝えます。

(2) **be 動詞は省略**：見出し中の主語に続く過去分詞は「受動態」，現在分詞は，「事柄が進行中，あるいは近い将来のこと」，名詞や形容詞は「補語」をそれぞれあらわします。

(3) **予定を示す「to＋動詞の原形」**：will, plan to, be scheduled to などの意味で使われます。

(4) 冠詞は省略
(5) コロン（：）は発言者，情報源を表す
(6) 略語・短縮語の多用：見出しでは，短い単語を使って，スペースを省略する必要があるので，一般化している略語が多用されます。
（例）intl (international, 国際), govt (government, 政府), assn (association, 連合), UNSC (United Nations Security Council, 国連安全保障理事会), IMF (International Monetary Fund, 国際通貨基金), WTO (World Trade Organization, 世界貿易機関), ROK (Republic of Korea, 大韓民国)
また，見出しには，独特の短い動詞・名詞が使用されます。
（例）bar（禁止する），bid（試みる），cop（警官），mull（検討する），name（指名する），nix（否定する），oust（排除する），pact（協定，条約），panel（委員会），prove（調査する），rap（非難する），top（超える，勝る），urge（要請する），vow（約束する）

【リードの主要スタイル】

・要約スタイル
記事の要点を最初のセンテンス，もしくは数行で簡潔にまとめているもの。見出し自体にニュースとしてのインパクトが強い場合，このスタイルがよく使われる。

・具体例エピソードスタイル
ニュースの本質に関連した具体例やエピソードから入る場合。社会問題や医療・科学など専門性が高い内容の記事の場合，このスタイルがしばしば使われる。

【リードの構成パターン】

・通常パターン
最もオーソドックスなリードは，まず「誰が（who＝主語 S）した（did/do＝述語 V）何を（what＝目的語 O）」のセンテンスで始まる。修飾句や節が挿入されることもあるが，要約スタイルのリードはこのパターンが多い。

・変則パターン
As などの接続詞を伴った従属副詞節，In, Of, With など前置詞に導かれる前置詞句，~ing を伴う分詞構文を用いた分詞句など，状況や条件説明で始まり，その後に通常パターンが続く場合。具体例エピソードスタイルのリードはこのパターンでの始まりが少なくない。

【その他ルール】

・ニュースの発信場所，また通信社や新聞社の配信先が明記され，記事の公平性（fairness），正確性（Accuracy），信憑性（Authenticity），調査報道の信頼性（investigative journalism）など，情報の質が保証されている。発信場所は，Washington, London, Sydney, Beijing, Osaka などの主要大都市名が表示される。配信先は，日本の通信社では Kyodo（共同通信社）や Jiji（時事通信社），外国の通信社では Reuters, AP, AFP, Bloomberg などが中心。

・文中の日付や曜日に付く前置詞はよく省略される
（例）The spokesman announced on Monday ⇒ The spokesman announced Monday

・ニュースの発生日
ニュースの発生日について，日本の新聞は日付で表すが，英字新聞では曜日で表記する。これは欧米人の生活パターンが一週間を単位にしているためと言われる。

Contents

Unit 1 **Sanrio takes big risk with new strategy**
サンリオ，新戦略で大きな冒険 8

Unit 2 **New nine-year school category eyed**
6-3 制から教育改革 10

Unit 3 **Species going extinct up to 1,000 times faster than normal**
生物の絶滅速度，1,000 倍？ 12

Unit 4 **Kiwi's DNA link to elephant ancestor recasts evolution of flightless birds**
キウイの祖先は象の親戚？ 14

Unit 5 **Mountain Day created as newest official public holiday**
8月11日が新祝日「山の日」に 16

Unit 6 **Simplest animals may help cure brain disease**
単純生物，脳の治療に有効？ 18

Unit 7 **One-third of all people are now fat, and no country is immune: Study**
全人類の三分の一が肥満という研究 20

Unit 8 **Superbug threat requires urgent world action: Scientists**
緊急対応が必要な耐性菌の脅威 22

Unit 9 **Japan neglecting wetlands: Ministry**
湿地対策が必要な日本 24

Unit 10 **In Internet era, firms build online 'dam' for stressed out staff**
ストレスで疲れた社員のための対策 26

Unit 11	**WHO urged not to restrict e-cigarettes**
	電子たばこを制限しないようせまるWHO 28

Unit 12	**Baby boomers becoming gray gang**
	団塊の世代，シルバーギャングに 30

Unit 13	**Hokkaido town offers donors 'free' balloon rides**
	北海道，ふるさと納税者に気球体験提供 32

Unit 14	**As male hunters dwindle, 'hunter girls' take up shotguns**
	狙いを定める「狩りガール」 34

Unit 15	**Feral cats causing extinction of unique Australian mammals**
	ネコ科の動物，哺乳類の絶滅の原因に 36

Unit 16	**Easier-to-use retro cellphones making a comeback**
	復活を遂げた「ガラケー」 38

Unit 17	**Tokyo to boost foreign-language signs, info ahead of 2020 Olympics**
	五輪を見据え外国語標識を増やす東京 40

Unit 18	**Tea, wine steeped in shared history**
	お茶とワイン，共通の歴史？ 42

Unit 19	**Evidence found of planet that hit Earth, made moon**
	地球から月が生まれたという証拠 44

Unit 20	**Stunning pterosaur eggs found**
	翼竜の卵発見の脅威 46

Unit 1 サンリオ，新戦略で大きな冒険

Sanrio takes big risk with new strategy

　BLOOMBERG—Hello Kitty is having a midlife crisis. Sanrio Co., the owner of the 39-year-old white cat character with no mouth and a red bow on her ear, has made a fortune licensing its brand to other companies, letting them bear the risks of making and selling the goods. Now it is shifting strategy to sell more of its own merchandise, prompting the biggest stock drop in 19 years, and wiping almost $450 million off its market value Thursday.

(*THE JAPAN TIMES*, MAY 24, 2014)

Notes
bow	リボンなどの蝶結び	midlife	中年の
crisis	重大な局面	fortune	繁栄，成功，運命の女神
wipe	償却する		

Exercise 1　次の語の意味を選択肢（a〜f）の中から選びなさい。

1. bear
2. prompt
3. wipe
4. fortune
5. drop
6. licensing

a. chance or luck
b. to remove something
c. to make someone decide to do something
d. to bravely accept or deal with a painful, difficult or upsetting situation
e. to give official permission
f. to stop holding or carrying something so that it falls

解答欄
1. (　) 2. (　) 3. (　) 4. (　) 5. (　) 6. (　)

Exercise 2 本文を参考にして下線部に当てはまる日本語訳を書きなさい。

［ブルームバーグ］ ハローキティが中年の危機に瀕している。口のない，赤い蝶結びリボンを耳につけた39歳の白ネコのキャラクターの所有者であるサンリオは，自社ブランドを他社へライセンス許諾をし，＿＿ 成功を収めてきた。ところが22日（木曜），過去19年来の株価下落を助長し，約4億5000万ドルの市場価値を償却しても，自社製品の売り上げを上げるという戦略に舵をきった。

Exercise 3 次の英文を聞き，かっこ内の語句を書き取りなさい。

1. He (　　　　　) a big (　　　　　) in ten years.
   （彼は10年間で大きな成功を収めた。）

2. Her failure wasn't caused by a (　　　　　)(　　　　　).
   （彼女の失敗は中年の危機によって起きたわけではない。）

3. Your company has to (　　　　　) the (　　　　　) of bankruptcy.
   （あなたの会社は倒産の危険を負わなければならない。）

4. No one knows who (　　　　　)(　　　　　) the company's debt.
   （誰が会社の負債を清算したのか誰も知らない。）

5. What (　　　　　) his decision to sell the (　　　　　)?
   （何が彼に商品を売る決断をさせたのだろうか？）

6. Hello Kitty has an unmeasurable (　　　　　)(　　　　　).
   （ハローキティは測り知れない市場価値を持っている。）

Hello Kitty　ハローキティ

世界的に有名なハローキティにはペットがいる。名前はチャーミーキティ。ちょっとおとぼけで，ユーモアセンスはバツグンのパパが誕生日プレゼントとしてキティに贈ったペルシャネコのメスという設定だが，一見ネコに見えるキティがネコを飼うという，現実ではあり得ないことがユニークだと感じる人も多く，なかなか奥が深い。

Unit 2 6-3制から教育改革

New nine-year school category eyed

KYODO—The education ministry is considering increasing the number of schools that offer a full nine years of compulsory education to avoid the dislocation that some students experience when moving from elementary school to junior high school, sources said Tuesday.

(*THE JAPAN TIMES,* JUNE 4, 2014)

Notes
category　区分
the education ministry　文科省，正式には The Ministry of Education, Culture, Sports, Science and Technology 文部科学省
compulsory　義務的な　　　move from　進学する
dislocation　混乱

Exercise 1　次の語の意味を選択肢（a～f）の中から選びなさい。

1. consider
2. compulsory
3. move from
4. avoid
5. combine
6. dislocate

a. to prevent something
b. to think about something carefully
c. to go to a different place
d. something that must be done
e. to move something from its proper position
f. to come together

解答欄
1. (　) 2. (　) 3. (　) 4. (　) 5. (　) 6. (　)

Exercise 2　本文を参考にして下線部に当てはまる日本語訳を書きなさい。

［共同］3日（火曜），関係筋によると，文部科学省は＿＿＿を避けるため，9年一貫の義務教育を提供する学校の数を増やすことを検討している。

Exercise 3　次の英文を聞き，かっこ内の語句を書き取りなさい。

1. English is a (　　　　　)(　　　　　　　) in many universities.
   （英語は多くの大学で必修科目である。）

2. The Education (　　　　　　) is considering a structural (　　　　　　).
   （文部科学省は構造改革を検討している。）

3. His shoulder was (　　　　　　) during the (　　　　　　).
   （彼の肩はその事故で脱臼した。）

4. The school tried to (　　　　　　)(　　　　　　) from the parents.
   （学校は保護者からの質問をはぐらかそうとした。）

5. They (　　　　　　)(　　　　　　) Tennessee to Minnesota.
   （彼らはテネシー州からミネソタ州へ引っ越した。）

6. The aim is to (　　　　　　) the total (　　　　　　) of workers.
   （目標は労働者の総数を増やすことだ。）

The Ministry of Education, Culture, Sports, Science and Technology　文部科学省

そのまま訳せば，教育，文化，スポーツ，科学技術省。
2001年の中央省庁再編によって国の仕事量削減のため1府22省庁は1府12省庁に再編された。文部省は科学技術庁と統合され，文部科学省となった。再編はこうした行政のスリム化のほかに縦割り行政の弊害をなくすことやリーダシップ強化のための内閣府新設などが挙げられる。

Unit 3 生物の絶滅速度，1,000倍？

Species going extinct up to 1,000 times faster than normal

Washington (AP)—Species of plants and animals are dying out at least 1,000 times faster than they did before humans arrived on the scene, and the world is now on the brink of a sixth great extinction, a new study says.

(*THE JAPAN TIMES,* MAY 31, 2014)

Notes

species	種・種類	the species で，人類・人種
extinction	絶滅	up to	〜まで
die out	絶滅する	at least	最低でも
on the brink of	〜に瀕して	study	研究・調査

Exercise 1 次の語の意味を選択肢（a〜f）の中から選びなさい。

1. die out   a. to disappear
2. on the brink of   b. to indicate a maximum amount
3. study   c. to stop existing
4. extinction   d. the minimum
5. up to   e. almost ready to do something
6. at least   f. research project

解答欄
  1. (   )   2. (   )   3. (   )   4. (   )   5. (   )   6. (   )

Exercise 2　本文を参考にして下線部に当てはまる日本語訳を書きなさい。

［ワシントン＝AP］ 最新の研究によると，植物と動物の種の絶滅は，人類が地球に現れる前と比べ，少なくとも1,000倍速くなっており，＿＿＿，という。

・・・・・・・・・・・・・・・・・・・・・・・・・・・・・・・・・・・・・

Exercise 3　次の英文を聞き，かっこ内の語句を書き取りなさい。

1. (　　　　　) banks are now on the (　　　　　　) of bankruptcy.
   （主要な銀行が今，経営破綻の危機に瀕している。）
2. I'm (　　　　) a new (　　　　　) in the science field.
   （私は科学の分野で新しい研究をしている。）
3. We (　　　　　) the Japanese crested ibises from (　　　　　).
   （私たちは，トキを絶滅から救った。）
4. Superstitions will (　　　　)(　　　　) sooner or later.
   （迷信は遅かれ早かれ廃れるだろう。）
5. The repairs will (　　　　) at (　　　　　) three thousand yen.
   （修理には，少なくとも3千円はかかるだろう。）
6. A study of (　　　　)(　　　　　) is progressing day by day.
   （人類の研究は日々進歩している。）

Extinction　絶滅

日本で維管束植物（シダ，裸子，被子植物）の減少傾向がこのまま続くと，100年後までに370～561種の絶滅が起こる可能性があると発表された。この絶滅速度は世界全体の維管束植物で推定されている値のなんと2～3倍にも相当する。

Unit 4 キウイの祖先は象の親戚？

Kiwi's DNA link to elephant ancestor recasts evolution of flightless birds

Washington (AP)—Research linking New Zealand's diminutive kiwi with a giant extinct bird from Africa is prompting scientists to rethink how flightless birds evolved.

A report published Friday in the journal *Science* says DNA testing indicates the chicken-size kiwi's closest relative is the elephant bird from Madagascar, which grew up to 3 meters high, and weighed up to 250 kg, before becoming extinct about 1,000 years ago.

(*THE JAPAN TIMES,* MAY 24, 2014)

Notes
link to	～とのつながり	recast	書き直す
prompt	～へ駆り立てる	elephant bird	隆鳥

Exercise 1 次の語の意味を選択肢（a～f）の中から選びなさい。

1. evolution
2. include
3. recast
4. indicate
5. grow up
6. ancestor

a. a person from whom one is descended
b. to show that something is likely to be true
c. to develop
d. to develop and change gradually
e. to give a new shape or form of organization
f. to make something part of a group

解答欄
1. (　) 2. (　) 3. (　) 4. (　) 5. (　) 6. (　)

Exercise 2　本文を参考にして下線部に当てはまる日本語訳を書きなさい。

　［ワシントン＝AP］　アフリカの絶滅した巨大な鳥とニュージーランドの小型のキウイに関連した研究は，どのように飛べない鳥が進化したのかを再検討する研究に科学者たちを駆り立てる。

　23日（金曜），『サイエンス』誌に掲載された報告によると，ニワトリ大のキウイの一番近い親戚は，＿＿＿マダガスカル生まれの隆鳥であることをDNA検査は明らかにした。

Exercise 3　次の英文を聞き，かっこ内の語句を書き取りなさい。

1. This is the only (　　　　　)(　　　　　) the suspect.
   （これが容疑者の唯一の手がかりだ。）

2. He can easily (　　　　　) the theory of (　　　　　).
   （彼は進化の物語を簡単に書きかえることが出来る。）

3. DNA testing (　　　　　) we are blood (　　　　　).
   （DNA検査が私たちが血縁者であることを示している。）

4. Not everyone can (　　　　　)(　　　　　) to be a scientist.
   （皆が大人になって科学者になれるわけではない。）

5. The crisis (　　　　　) him to (　　　　　) his family.
   （その危機が家族について考え直すよう彼を駆り立てた。）

6. The man in the picture is an (　　　　　)(　　　　　) ours.
   （その写真の男性は私たちの先祖に当たります。）

Kiwi　キウイ

　一般的な由来としてこの鳥と姿形が似ているフルーツをキウイフルーツと呼ぶ。もとは中国南部原産の植物で，1906年にニュージーランドに持ち込まれ，多くの品種が栽培されるようになった。当初は「Chinese gooseberry（チャイニーズグーズベリー）」と呼んでいたが，1956年，アメリカに輸出する際，アメリカと中国の国際関係が悪化していたことから，「チャイニーズ」の呼称を避けて命名された。

Unit 5 8月11日が新祝日「山の日」に

Mountain Day created as newest official public holiday

AFP (JIJI)—The Diet on Friday established Mountain Day as a public holiday starting in 2016, raising the annual tally to 16, as the government looks for ways to get the nation's famously hard-working populace out of the office.

Legislation to observe the new holiday every Aug. 11 was enacted with support from both the ruling camp and the opposition.

(*THE JAPAN TIMES*, MAY 24, 2014)

Notes

Mountain Day	山の日	The Diet	国会
look for	求める	out of office	出社しない
enact	起こる，生じる	ruling camp	与党陣営
opposition	野党		

Exercise 1 次の語の意味を選択肢（a～f）の中から選びなさい。

1. establish
2. raising
3. look for
4. out of the office
5. observe
6. way

a. to increase an amount or number
b. to start a system
c. a method or manner of doing something
d. to try to find something
e. to do what you are supposed to do according to the law
f. to indicate you're absent from work

解答欄
1. (　) 2. (　) 3. (　) 4. (　) 5. (　) 6. (　)

Exercise 2　本文を参考にして下線部に当てはまる日本語訳を書きなさい。

[AFP＝時事]　23日（金曜），国会は，2016年から「山の日」を祝日として制定することを決議した。_____
_____，祝日数を16に引き上げる。

　毎年8月11日を新しい祝日にするための法律制定は与党と野党陣営両方から支持されている。

Exercise 3　次の英文を聞き，かっこ内の語句を書き取りなさい。

1. My boss is（　　　　　）of the（　　　　　）today.
   （私の上司は今日出社していません。）

2. It's like（　　　　）（　　　　　）a needle in a haystack.
   （干し草の山で針を捜すようなものだ。）

3. Who（　　　　）the（　　　　　）of the radio?
   （ラジオの音量を上げたのは誰だ？）

4. The Diet（　　　　）a new tax law（　　　　　）voters' support.
   （国会は新税法を有権者の支持を受けて成立させた。）

5. There's a（　　　　）to（　　　　）salaries.
   （給料を上げる方法がある。）

6. The treaty（　　　　　）friendly relations（　　　　）European countries.
   （その条約がヨーロッパ諸国との友好関係を確立する。）

Official Public Holiday　祝日

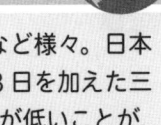

　各国の祝日は，米国10日，フランス11日，イタリア12日，韓国13日など様々。日本の祝日数は記事の時点で16日だが，日本は祝日である元日だけでなく，2，3日を加えた三が日を慣例的に休む会社が多い。日本の祝日だが欧米に比べ有給休暇の消費率が低いことが，休みが多い実感のなさにつながっている。

Unit 6 単純生物, 脳の治療に有効？

Simplest animals may help cure brain disease

Orlando (AP)—A Florida scientist studying simple sea animals called comb jellies, has found the road map to a new form of brain development that could lead to treatments for Parkinson's, Alzheimer's and other neurodegenerative diseases.

(*THE JAPAN TIMES*, MAY 23, 2014)

Notes
brain disease	脳疾患	sea animal	海洋生物
road map	指針	treatment	治療
Parkinson's	パーキンソン病	Alzheimer's	アルツハイマー病
neurodegenerative	神経変性病		

Exercise 1 次の語の意味を選択肢（a〜f）の中から選びなさい。

1. road map   a. an illness
2. development   b. the process of becoming stronger
3. treatment   c. a particular type of something
4. lead   d. an official plan to achieve something
5. form   e. something that is done to cure
6. disease   f. to direct or guide someone

解答欄
1. (　) 2. (　) 3. (　) 4. (　) 5. (　) 6. (　)

Exercise 2　本文を参考にして下線部に当てはまる日本語訳を書きなさい。

［オーランド＝AP］　クシクラゲ類と呼ばれる単純海洋生物を研究しているフロリダの科学者が，＿＿新しい形の脳発達のガイドラインを発見した。

Exercise 3　次の英文を聞き，かっこ内の語句を書き取りなさい。　🔊 13

1. His idea (　　　　　) us (　　　　　　) an entirely new world.
   （彼の着想が私たちを新しい世界へと導くのだ。）

2. We call it water in the (　　　　　) (　　　　　) ice.
   （私たちはそれを氷の形状の水と呼ぶ。）

3. She requested (　　　　　) (　　　　　) dengue fever.
   （彼女はデング熱の適切な処置を求めた。）

4. This chart shows (　　　　　) (　　　　　) the field of medicine.
   （この図表が医学分野での成果を示している。）

5. Love may be the road (　　　　　) (　　　　　) peace.
   （愛は平和への道しるべになり得る。）

6. Ebola hemorrhagic fever is an (　　　　　) (　　　　　).
   （エボラ出血熱は感染病です。）

Neurodegenerative　神経変性病

脳や脊髄にある神経細胞のなかで，ある特定の神経細胞群が徐々に障害を受け脱落してしまう病気。具体的な病名としてはスムーズな運動が出来なくなるパーキンソン病や，認知能力が低下してしまうアルツハイマー病などが挙げられる。

Unit 7 全人類の三分の一が肥満という研究

One-third of all people are now fat, and no country is immune: Study

London (AP)—Almost a third of the world is now overweight, and no country has been able to curb obesity rates in the last three decades, according to a new global analysis.

Researchers found more than 2 billion people worldwide are now overweight or obese, up from 857 million, 33 years ago.

(*THE JAPAN TIMES*, MAY 30, 2014)

Notes

immune	免疫のある	overweight	太りすぎ
curb	抑制する	obesity	肥満
decade	10年間	according to	〜によると
analysis	分析	billion	10億

Exercise 1　次の語の意味を選択肢（a〜e）の中から選びなさい。

1. immune
2. curb
3. according to
4. overweight
5. rate

a. too heavy and fat
b. as shown by something
c. to control
d. a number of something
e. resistant to a particular infection

解答欄
　1. (　　) 2. (　　) 3. (　　) 4. (　　) 5. (　　)

Exercise 2　本文を参考にして下線部に当てはまる日本語訳を書きなさい。

［ロンドン＝AP］　新たな世界規模の研究によると，世界の約三分の一は太りすぎで，＿＿＿という。

　研究者たちは，世界中の20億人以上が太りすぎか肥満で，33年前の8億5700万人から増えたことを発見した。

Exercise 3　次の英文を聞き，かっこ内の語句を書き取りなさい。　💿 15

1. (　　　　　) and (　　　　　) are global problems.
   (肥満と太りすぎは，世界規模の問題だ。)

2. (　　　　　)(　　　　　) her, she lost 5 kilograms in one week.
   (彼女によれば，彼女は1週間で5キロやせたそうだ。)

3. Your computer is not (　　　　　)(　　　　　) viruses.
   (あなたのパソコンはウィルスに対する免疫がない。)

4. The world's population has dramatically increased over the (　　　　　)(　　　　　).
   (人口はこの10年間で劇的に増えた。)

5. No one had been able (　　　　　)(　　　　　) the king's power.
   (誰も王権を抑制出来ていなかった。)

6. The think tank (　　　　　) an (　　　　　) of the political situation.
   (研究機関が政治情勢の分析結果を公表した。)

Obesity　肥満

　経済協力開発機構（OECD）が発表した「Health Data 2012」をもとに日本法人トリップアドバイザーが肥満ランキングを公開。最も高いのは，人口における「太り気味（overweight）」のBMI値25以上が68％の米国。その中で「肥満」BMI値30以上の人は33.8％を占めるほどであった。ちなみに日本はランキング最下位。

Unit 8 緊急対応が必要な耐性菌の脅威

Superbug threat requires urgent world action: Scientists

London (REUTERS)—Superbugs resistant to drugs, pose a serious worldwide threat and demand a response on the same scale as efforts to combat climate change, specialists on infectious diseases said on Thursday.

(*THE JAPAN TIMES*, MAY 24, 2014)

Notes
superbugs	耐性菌	urgent	緊急の
resistant to	抵抗する	pose	引き起こす，もたらす
scale	規模	effort to	努力
combat	取り組む	infectious disease	伝染病

Exercise 1　次の語の意味を選択肢（a〜e）の中から選びなさい。

1. urgent
2. threat
3. demand
4. effort
5. resistant

a. the possibility that something very bad will happen
b. needing to be dealt with immediately
c. attempt to do something
d. to need or desire
e. immune or unaffected

解答欄
1. (　) 2. (　) 3. (　) 4. (　) 5. (　)

Exercise 2　本文を参考にして下線部に当てはまる日本語訳を書きなさい。

［ロンドン＝ロイター］ 22日（木曜），耐性菌が深刻な世界的脅威となり，＿＿が必要と伝染病の専門家が発表した。

Exercise 3　次の英文を聞き，かっこ内の語句を書き取りなさい。

1. Some pests are (　　　　　)(　　　　　　) insecticides.
   （害虫によっては殺虫剤に耐性がある。）

2. It was (　　　　　) for her (　　　　　) talk to him.
   （彼女は彼と緊急に話をする必要があった。）

3. I will (　　　　　) every (　　　　　) to help you.
   （私はあなたを助けるためにあらゆる努力をするだろう。）

4. His decision (　　　　　) a grave (　　　　　) to our activity.
   （彼の決断は私たちの活動に対して大きな脅威をもたらした。）

5. She (　　　　　) debt finance on a larger (　　　　　).
   （彼女はより大規模な借入を要求した。）

6. The immigration office consulted a (　　　　　) on (　　　　　) diseases.
   （入国管理局は伝染病の専門家を呼んだ。）

Superbugs resistant to drugs　耐性菌

　耐性菌の歴史はフレミングが1929年にペニシリンを発見したことから始まる。数年後，ペニシリンに対する耐性を獲得したペニシリン耐性菌が出現。これは，ペニシリンを無効化してしまうペニシリナーゼ（β-ラクタマーゼ）という酵素を作る菌だった。それ以来，細菌と抗菌薬のイタチごっこが続いている。

Unit 9　湿地対策が必要な日本

Japan neglecting wetlands: Ministry

KYODO—Japan's wetlands and mud lands produce an economic value of ¥1.4 trillion to ¥1.6 trillion a year in terms of water purification and food supply, the Environment Ministry estimated in a report urging ecosystem preservation Friday.

(*THE JAPAN TIMES*, MAY 24, 2014)

Notes

neglect	無視する，軽視する	wetland	湿地
mud land	干潟	trillion	兆
in terms of	〜の点から	water purification	浄水
food supply	食料供給	ecosystem preservation	生態系保存

Exercise 1　次の語の意味を選択肢（a〜e）の中から選びなさい。

1. neglect
2. produce
3. in terms of
4. estimate
5. urge

a. to strongly suggest
b. to try to judge the value
c. to fail to look after
d. to cause an effect
e. with regard to a particular aspect or subject

解答欄
1. (　　) 2. (　　) 3. (　　) 4. (　　) 5. (　　)

| **Exercise 2** | 本文を参考にして下線部に当てはまる日本語訳を書きなさい。 |

[共同] 23日（金曜），環境省は日本の湿地と干潟が浄水と食料供給の点から，_____

_____と生態系保護の報告書で予測した。

・・・

| **Exercise 3** | 次の英文を聞き，かっこ内の語句を書き取りなさい。 | 🄰 19 |

1. This land offers nothing (　　　　　) (　　　　　) of economic value.
   （この土地は，経済価値という点で何ら価値がない。）

2. A healthy (　　　　　) wouldn't always be bad (　　　　　) children.
   （いい意味での放任は子どもに必ずしも悪ではないだろう。）

3. (　　　　　) (　　　　　) is a matter we need to focus on.
   （浄水は私たちが注力すべき事柄だ。）

4. Parents (　　　　　) the (　　　　　) of a college education.
   （両親は大学教育の費用を見積もる。）

5. This mine used (　　　　　) (　　　　　) silver.
   （この鉱山は以前銀を産出していた。）

6. They were (　　　　　) (　　　　　) action.
   （彼らは行動を起こすよう駆り立てられた。）

Wetland 湿地　　Mud land 干潟

両者の区別として，湿地は一般に地下水位が高くて湿潤な土地で，干潟は海岸で低潮時に砂質または泥質が露出している場所である。湿地に関しては，湿地および水鳥などの湿地特有の動植物の保全に関するラムサール条約が締結されている。

Unit 10 ストレスで疲れた社員のための対策

In Internet era, firms build online 'dam' for stressed out staff

Berlin—As smartphones and portable devices increasingly dominate our working lives, moves are afoot in France and Germany to prevent work-related emails and calls from disturbing employees after hours.

(*THE JAPAN TIMES*, MAY 31, 2014)

Notes
era	時代	firm	会社
stressed out	ストレスで疲れた	dominate	支配する
afoot	進行中で	prevent from	～するのを妨げる
disturb	～に迷惑をかける	after hours	勤務時間外

Exercise 1　次の語の意味を選択肢（a～f）の中から選びなさい。

1. build
2. dominate
3. afoot
4. prevent
5. disturb
6. related

a. to have power and influence over something
b. to keep something from happening
c. to make someone upset
d. happening or beginning to happen
e. belonging to the same family, group, or type
f. to construct something

解答欄
1. (　)　2. (　)　3. (　)　4. (　)　5. (　)　6. (　)

Exercise 2　本文を参考にして下線部に当てはまる日本語訳を書きなさい。

［ベルリン］　スマートフォンや携帯端末が我々の仕事生活を支配して来るのに伴い，_____
_____ための動きがフランスとドイツで起こっている。

・・

Exercise 3　次の英文を聞き，かっこ内の語句を書き取りなさい。　🔘21

1. The phone call（　　　　　）me（　　　　　）going out for lunch.
   （その電話のせいで私は昼食に出かけられなかった。）

2. Do not（　　　　）（　　　　　）. I'll do it myself.
   （どうぞお構いなく，自分でやりますので。）

3. （　　　　）is mischief（　　　　）.
   （進行中の悪事がある。）

4. He is closely（　　　　）（　　　　　）the family.
   （彼はその一族の比較的近親に当たる。）

5. The mobile market is（　　　　）（　　　　　）smartphones.
   （携帯市場はスマートフォンによって支配されている。）

6. An employee can easily become（　　　　）（　　　　）working alone.
   （従業員は単独作業によって疲れやすくなる。）

Smartphone　スマートフォン

スマートフォンとは，特に統一された定義はないものの，携帯電話としての音声通話機能やインターネット接続によるウェブ閲覧機能を有する情報通信デバイスを指す。情報通信が便利になる一方で，ディスプレイから発せられるブルーライトと呼ばれる可視光線を長時間浴びると体内のメラトニンなどが抑制され，睡眠障害を引き起こす可能性が指摘されるなど，近年は人体への影響も懸念されている。

Unit 11 電子たばこを制限しないようせまるWHO

WHO urged not to restrict e-cigarettes

London/Paris—The e-cigarette was pushed center stage ahead of World No Tobacco Day on Saturday, with doctors and policy experts calling on the U.N.'s health agency not to classify e-cigarettes as tobacco products, arguing that doing so will jeopardize a major opportunity to slash disease and deaths caused by traditional smoking.

(*THE JAPAN TIMES*, MAY 31, 2014)

Notes
urge　　　　　　～することを強くせまる　　restrict　　　　制限する
e-cigarette　　　電子たばこ　　　　　　　　ahead of ～　　～の前に
World No Tobacco Day　世界禁煙デー　　　U.N. health agency　国連保健機関
classify　　　　分類する　　　　　　　　　jeopardize　　　～を危機にさらす
slash　　　　　削減する

Exercise 1　次の語の意味を選択肢（a～f）の中から選びなさい。

1. restrict　　　　a. to arrange things in classes or categories
2. ahead of　　　 b. to limit or control
3. classify　　　　c. try to cut
4. argue　　　　　d. to disagree with something
5. slash　　　　　e. a way of doing something
6. policy　　　　　f. to be in front of something

解答欄
1. (　) 2. (　) 3. (　) 4. (　) 5. (　) 6. (　)

Exercise 2　本文を参考にして下線部に当てはまる日本語訳を書きなさい。

［ロンドン／パリ］ 31日（土曜）の国連禁煙デーを前に，電子タバコが脚光を浴びた。医師や政治家たちは従来型の喫煙による疾病や死者を削減する大切な機会を失うとして，＿＿ように要請した。

Exercise 3　次の英文を聞き，かっこ内の語句を書き取りなさい。

1. She was an artist (　　　　　)(　　　　　) her time.
   （彼女は時代に先んじた芸術家だった。）

2. We (　　　　　) the human personality (　　　　　) three types.
   （私たちは人間の個性を3つのタイプに分類する。）

3. A scandal may (　　　　　)(　　　　　) her future as an idol.
   （スキャンダルはアイドルとしての彼女の将来を危うくしかねない。）

4. They (　　　　　)(　　　　　) me to represent the club.
   （彼らは私にそのクラブの代表になるよう求めた。）

5. I often see accidents (　　　　　)(　　　　　) careless driving.
   （私は不注意な運転による事故をよく見かける。）

6. They (　　　　　)(　　　　　) the news report must be wrong.
   （彼らはニュース報道が間違っているに違いないと主張した。）

World No Tobacco Day　世界禁煙デー

世界保健機関（WHO）が世界中の国々に呼びかけている世界禁煙デーは2014年で27回目。日本は喫煙及び受動喫煙による健康被害等についての普及啓発に加え，世界禁煙デーの基本テーマである「たばこフリー（たばこの無い環境）」の普及に努めている。

Unit 12 団塊の世代, シルバーギャングに

Baby boomers becoming gray gang

KYODO—As the last of Japan's baby boomers turn 65 this year and retire, many are taking low-paid or voluntary work to get them out of the house—a trend that could have broad reaching effect.

(*THE JAPAN TIMES*, MAY 28, 2014)

Notes
baby boomer	団塊の世代	gray	老齢の
turn	達する	low-paid	賃金の安い
voluntary	自発的な	get out	〜出る
broad reaching	定着する		

Exercise 1　次の語の意味を選択肢（a〜e）の中から選びなさい。

1. retire　　　　a. a popular tendency
2. voluntary　　b. done willingly
3. get ... out　　c. a change which is a result of an action
4. trend　　　　d. succeed in releasing something
5. effect　　　　e. to stop working

解答欄
1. (　) 2. (　) 3. (　) 4. (　) 5. (　)

Exercise 2　本文を参考にして下線部に当てはまる日本語訳を書きなさい。

　　［共同］_____
　_____に伴い，そのような多くは家から抜け出すため，
低賃金の仕事かボランティア活動に就く，というのが広く定着するようだ。

・・・・・・・・・・・・・・・・・・・・・・・・・・・・・・・・・・・・・・・

Exercise 3　次の英文を聞き，かっこ内の語句を書き取りなさい。　🎧 25

1. The broad (　　　　) (　　　　) of his speech can be seen.
   （彼の演説の幅広い影響が見て取れる。）

2. They made a (　　　　) effort to decrease violence (　　　　) TV.
   （彼らは，テレビでの暴力描写を減らすため自発的な努力をした。）

3. The woman (　　　　) out (　　　　) be a beautiful enchantress.
   （その女性は綺麗な魔女に変身した。）

4. Let's (　　　　) this news (　　　　) to the public.
   （このニュースを公に出そう。）

5. No one likes to have a (　　　　)-(　　　　) job.
   （誰も低賃金で働きたくない。）

6. He (　　　　) (　　　　) the office in disgrace.
   （彼は懲戒免職になった。）

Baby boomers　団塊の世代

　2025年は，団塊の世代が75歳以上の後期高齢者になる年で，2025年以降は，2,200万人，4人に1人が75歳以上という超高齢社会が到来する。これまで国を支えてきた団塊の世代が給付を受ける側に回るため社会保障への需要が高まり，財政のバランスが崩れる，と指摘されている。

Unit 13 北海道, ふるさと納税者に気球体験提供

Hokkaido town offers donors 'free' balloon rides

KYODO—Aiming to attract more tourism, officials in the town of Kamishihoro in Hokkaido have started a hot-air balloon service that allows donors from across the nation to fly for free if they add to the government's coffers using the "hometown tax system."

(*THE JAPAN TIMES*, June 6, 2014)

Notes

donor	寄贈者	aim to	〜することを目指す
attract	引きつける	hot-air balloon	熱気球
for free	無料で	coffer	財源
tax	税		

Exercise 1　次の語の意味を選択肢（a〜f）の中から選びなさい。

1. offer
2. aim to
3. attract
4. allow
5. across
6. add to

a. to make someone interested in something
b. to try to achieve
c. to have an increased effect
d. to provide
e. from one side of something to the other
f. to let someone do something

解答欄
1. (　)　2. (　)　3. (　)　4. (　)　5. (　)　6. (　)

Exercise 2　本文を参考にして下線部に当てはまる日本語訳を書きなさい。

［共同］ 多くの観光客を引きつけることを目指している北海道上士幌町職員たちは，＿＿，無料で寄付者を熱気球飛行に招待するサービスを始めた。

・・・・・・・・・・・・・・・・・・・・・・・・・・・・・・・・・・・

Exercise 3　次の英文を聞き，かっこ内の語句を書き取りなさい。　♪27

1. Order the set menu, you can drink anything (　　　　) (　　　　).
   （セットメニューを頼めば，飲み物はただで何でも飲めます。）

2. My illness will (　　　　) (　　　　) my family's troubles.
   （私の病気で家族の苦労が増える。）

3. Please (　　　　) me (　　　　) introduce you to my friend.
   （私の友人をあなたにご紹介させて下さい。）

4. I (　　　　) (　　　　) be a great novelist.
   （私は偉大な小説家を志している。）

5. Her costume (　　　　) our attention (　　　　) the party.
   （彼女の衣装はそのパーティで皆の目を引いた。）

6. He (　　　　) his car (　　　　) us for free.
   （彼は私たちに只で自分の車を譲ろうと申し出た。）

Hometown tax system　ふるさと納税制度

地方間格差や過疎などによる税収の減少に悩む自治体に対しての格差是正を推進するための新構想として，2008年，第1次安倍政権のときに創設された制度。特徴としては，日本で唯一の税金の使い道指定ができることや，特産品や工芸品等，各地域のお礼の品がもらえることなどだ。

Unit 14 狙いを定める「狩りガール」

As male hunters dwindle, 'hunter girls' take up shotguns

CHUNICHI SHIMBUN—"Hunter girls" are taking up the sport of hunting to protect farmers' crops as the demographic changes sweeping Japan erode its traditionally male participants.

(*THE JAPAN TIMES,* MAY 31, 2014)

Notes

hunter	猟師, ハンター	dwindle	だんだん少なくなる
take up	手で持ち上げる, 引き継ぐ	crop	作物
demographic	人口の, 人口統計の	sweeping	広範囲にわたる
erode	減らす, むしばむ	participant	参加者

Exercise 1 次の語の意味を選択肢（a～f）の中から選びなさい。

1. dwindle
2. take up
3. protect
4. crop
5. sweeping
6. erode

a. to become engaged in a pursuit
b. to become less
c. a plant
d. to keep something safe
e. something is gradually destroyed
f. affecting many things

解答欄
1. (　) 2. (　) 3. (　) 4. (　) 5. (　) 6. (　)

| **Exercise 2** | 本文を参考にして下線部に当てはまる日本語訳を書きなさい。 |

［中日新聞］ _____
_____，「狩りガール」が農家の作物を守るため，スポーツとしての狩りに取り組んでいる。

・・・・・・・・・・・・・・・・・・・・・・・・・・・・・・・・・・・・・・・

| **Exercise 3** | 次の英文を聞き，かっこ内の語句を書き取りなさい。 | 29 |

1. I have (　　　　　)(　　　　　　　) painting in my spare time.
 （私は余暇に絵を始めてみた。）

2. Inflation (　　　　　　) the value (　　　　　　　) money.
 （インフレがお金の価値を目減りさせる。）

3. People (　　　　　　) a (　　　　　　　) tax reform.
 （人々は大がかりな税制改革を期待する。）

4. Letters (　　　　　　)(　　　　　　　) importance.
 （手紙は重要性がなくなっていく。）

5. These films are (　　　　　　)(　　　　　　　) copyright.
 （これらの映画は著作権によって保護されている。）

6. She is sometimes called a (　　　　　　)(　　　　　　　).
 （彼女は時に財産目当ての人だと呼ばれることがある。）

Hunter girl 狩りガール

「狩りガール」誕生の背景には，狩猟者全体の減少と高齢化という現実がある。そして，猟友会の全国組織「大日本猟友会」が，ホームページに狩りガール特集を載せたことも，人気を博したきっかけの一つだ。このように狩りガールが脚光を浴びているにも関わらず，未だに女性ハンターは全国のハンターのほんの1％にすぎない。しかし，この風潮は大きな影響力を持つはずだ。

Unit 15 ネコ科の動物，哺乳類の絶滅の原因に

Feral cats causing extinction of unique Australian mammals

Sydney—An Australian study has blamed feral cats for the extinction of native mammals, and warns 100 species are under threat from the creatures that inhabited the homes of early British settlers.

(*THE JAPAN TIMES*, JUNE 7, 2014)

Notes
feral	野生の	mammal	哺乳動物
blame for	非難する	warn	警告する
threat	脅威	inhabit	居住する
settler	開拓移民		

Exercise 1 次の語の意味を選択肢（a～e）の中から選びなさい。

1. mammal
2. blame for
3. native
4. inhabit
5. warn

a. to give someone cautionary advice
b. to live in or occupy a place
c. a local inhabitant
d. to assign the responsibility for a bad situation
e. a warm-blooded vertebrate animal of a class distinguished by the possession of hair or fur and females that secrete milk

解答欄
1. (　) 2. (　) 3. (　) 4. (　) 5. (　)

Exercise 2　本文を参考にして下線部に当てはまる日本語訳を書きなさい。

［シドニー］　オーストラリアの研究者は，野生のネコが土着の哺乳動物絶滅の原因であると非難し，_____
_____と警告している。

・・・・・・・・・・・・・・・・・・・・・・・・・・・・・・・・・・・・・

Exercise 3　次の英文を聞き，かっこ内の語句を書き取りなさい。　　31

1. I am to （　　　　　）（　　　　　　） his illness.
   （彼が病気なのは私のせいだ。）

2. He （　　　　　） all employees to be （　　　　　　） time.
   （彼は全ての従業員たちに時間を守るように戒告した。）

3. I have confessed （　　　　　　）（　　　　　　） of immediate arrest.
   （私は即時逮捕すると脅迫されて白状してしまった。）

4. Some （　　　　　　）（　　　　　　） can be seen in this area.
   （この区域で野生に戻った馬が何頭か確認できる。）

5. Strange notions （　　　　　　） my （　　　　　　）.
   （おかしな考えが私の心に宿っている。）

6. The （　　　　　　）（　　　　　　） of this flower is unknown.
   （この花の自生生息地は不明である。）

Mammal　哺乳動物

　コアラやカンガルーなどオーストラリアは豊かな哺乳動物の多様性を持っている。それはこの大陸が長い間，南太平洋に孤立していたからだ。そのため外来種が現れにくく，生態系の鎖国状態が４千万年も続いた。結果として５千万年前に登場したと言われる有袋類がそのまま生き残っている。

Unit 16 復活を遂げた「ガラケー」

Easier-to-use retro cellphones making a comeback

Paris—They fit into the smallest pocket, their batteries last all week, and their screens don't shatter when you drop them: old school Nokias, Ericssons and Motorolas are making a comeback as consumers tired of overly complicated smartphones go retro.

(*THE JAPAN TIMES*, MAY 27, 2014)

Notes
retro	昔風の，レトロな	comeback	再流行
fit into	ぴったり入る	shatter	粉々になる
consumer	消費者	overly	とても
complicated	複雑な		

Exercise 1　次の語の意味を選択肢（a～e）の中から選びなさい。

1. comeback
2. fit into
3. drop
4. complicate
5. consumer

a. someone who buys a product
b. to make a situation more difficult
c. to find or have enough space for something
d. something becomes popular again
e. to stop holding

解答欄
1. (　)　2. (　)　3. (　)　4. (　)　5. (　)

Exercise 2　本文を参考にして下線部に当てはまる日本語訳を書きなさい。

［パリ］　それは，一番小さいポケットにピッタリ収まるし，電池も一週間は持つ，落としても画面は粉々にならない。＿＿，前から馴染んでいるノキア，エリクソンズ，モトローラ社製の（ガラパゴス）携帯が復活してきている。

・・・

Exercise 3　次の英文を聞き，かっこ内の語句を書き取りなさい。　🔊 33

1. We are (　　　　　) (　　　　　　) being treated like children.
   （私たちは子どものように扱われるのにうんざりしている。）

2. The sofa will not (　　　　　) (　　　　　) the room.
   （そのソファは部屋には入らないだろう。）

3. The milk (　　　　) the bottle (　　　　) sour.
   （ボトルの中のミルクが酸っぱくなった。）

4. These flowers won't (　　　　　) (　　　　　) the end of the show.
   （この花はショーの終りまでもたないだろう。）

5. My leg (　　　　　) (　　　　　) it broke.
   （私の脚の骨は折れて粉々になった。）

6. His recovery was (　　　　　) (　　　　　) an allergic reaction.
   （彼の回復はアレルギー反応のせいで難しくなった。）

Retro　レトロ

レトロとは古いものを好む懐古趣味のこと。似たような言葉としてアンティークがあるが，これは特に家具や道具類，衣類などのうち100年を経過したものを指す。そして100年未満の年数のものはヴィンテージと呼ぶ。

Unit 17 五輪を見据え外国語標識を増やす東京

Tokyo to boost foreign-language signs, info ahead of 2020 Olympics

JIJI—The Tokyo Metropolitan Government is stepping up a joint project with the central government to add foreign languages to guide boards and other information sources for the 2020 Summer Games.

(*THE JAPAN TIMES,* MAY 29, 2014)

Notes
info = information　情報　　　　　　ahead of ～　　～の前に
Tokyo Metropolitan Government　東京都
step up　　　　　　促進する　　　　joint　　　　共同の
central government　中央政府，ここでは日本政府のこと

Exercise 1　次の語の意味を選択肢（a～e）の中から選びなさい。

1. boost
2. step up
3. source
4. sign
5. joint

a. involving two or more people together
b. a place or thing that you get something from
c. metal or wood with words and/or pictures that gives instruction or information
d. to increase the speed of process
e. increase, improve

解答欄
1. (　)　2. (　)　3. (　)　4. (　)　5. (　)

Exercise 2　本文を参考にして下線部に当てはまる日本語訳を書きなさい。

［時事］東京都は2020年の夏季オリンピックに向けて，_____
_____ため，
日本政府との共同プロジェクトを促進している。

・・・・・・・・・・・・・・・・・・・・●・・・・・・・・・・・・・・・・・・・・

Exercise 3　次の英文を聞き，かっこ内の語句を書き取りなさい。　🔊 35

1. We decided to (　　　　　) a terrace (　　　　　　) our house.
 （私たちは家にテラスを建て増すことを決めた。）

2. They need to (　　　　　)(　　　　　　) production by tomorrow.
 （彼らは明日までに増産する必要がある。）

3. She always goes (　　　　　)(　　　　　) me.
 （彼女はいつも私の先を行く。）

4. The research paper was not (　　　　　)(　　　　　).
 （その研究論文は出典が正確に示されていなかった。）

5. We were asked to open a (　　　　　)(　　　　　).
 （私たちは共同預金口座を開くよう求められた。）

6. He was unfortunately (　　　　　)(　　　　　) the wrong path.
 （彼は不幸にも誤った道へ導かれた。）

Olympics　オリンピック

　東京五輪のメイン会場，新国立競技場を当初設計したのは2009年に高松宮殿下記念世界文化賞（建築部門）を女性で初めて受賞したイラク生まれの建築家，ザハ・ハディド氏だった。景観や建築費の点から，論争を巻き起こしたが，彼女の案は「我々が見ようとしてこなかったものをあらわにしてくれた」という意見もあった。

Unit 18 お茶とワイン，共通の歴史？

Tea, wine steeped in shared history

Beijing—Wine and tea, though one is alcoholic and the other is not, are not remote relatives in their rituals and cultivation, according to a newly opened exhibition in Beijing.

(*THE JAPAN TIMES*, June 2, 2014)

Notes
steep in	～を浸す	share	共通の
remote	遠い	relative	身内
ritual	形式	cultivation	栽培
according to	～によると	exhibition	展覧会，展示会

Exercise 1　次の語の意味を選択肢（a～f）の中から選びなさい。

1. share
2. remote
3. cultivation
4. exhibition
5. ritual
6. steep in

a. the preparation and use of land for growing crops
b. show
c. a ceremony that is always performed in the same way
d. far from something
e. to use something with other people
f. to soak something in water or other liquid to extract its flavor

解答欄
1. (　)　2. (　)　3. (　)　4. (　)　5. (　)　6. (　)

Exercise 2　本文を参考にして下線部に当てはまる日本語訳を書きなさい。

［北京］ ワインとお茶, _____

_____ , 双方の作法や栽培に関して,

二つは遠い親戚ではないということが, この程始まった北京での展示会でわかった。

· ·

Exercise 3　次の英文を聞き, かっこ内の語句を書き取りなさい。　🄳37

1. (　　　　　) he was very (　　　　　　), he opened his store.
   （彼はとても疲れていたが, 店を開けた。）

2. We spent three days (　　　　　) a (　　　　　) island.
   （私たちは離島で3日間過ごした。）

3. My specialties are agricultural (　　　　　) and rice (　　　　　).
   （私の専門は, 農耕風習と米栽培です。）

4. (　　　　) (　　　　　) his advice, we turned left.
   （彼の助言に従って, 我々は左に曲がった。）

5. You need a signature (　　　　　) a close (　　　　　).
   （あなたは近親者からのサインが必要です。）

6. You (　　　　　) this tea (　　　　　) cold water.
   （この茶の葉を冷水に入れて煎じなさい。）

Wine　ワイン

お茶が健康に良いのはもちろんのこと, ワインも「赤ワインは健康に良い」と考えられてきた。ブドウの皮に含まれるポリフェノールの抗酸化作用がその理由だ。しかし米国の研究チームが調査をした結果, 効果がないことが発見された。ワインも他のお酒と変わらないと認識を改めたほうが良さそうだ。

Unit 19　地球から月が生まれたという証拠

Evidence found of planet that hit Earth, made moon

London—Lunar rocks brought back by Apollo astronauts more than 40 years ago contain evidence of the Mars-size planet that scientists believe crashed into Earth and created the moon, new research shows.

(*THE JAPAN TIMES,* June 10, 2014)

Notes

planet	惑星	Lunar rocks	月岩石
bring back	持ち帰る	crash into	衝突する
Apollo astronaut	アポロ宇宙船の宇宙飛行士	Mars	火星

Exercise 1　次の語の意味を選択肢（a～f）の中から選びなさい。

1. bring back
2. contain
3. crash into
4. technique
5. detect
6. slight

a. to notice
b. a special way of doing something
c. to have something inside
d. to return something
e. small in degree
f. to hit something

解答欄
　1.（　　）　2.（　　）　3.（　　）　4.（　　）　5.（　　）　6.（　　）

- 44 -

Exercise 2 本文を参考にして下線部に当てはまる日本語訳を書きなさい。

［ロンドン］_____
_____が，地球に衝突し月を作ったと科学者が信じている火星サイズの惑星についての証拠を含んでいる，という研究が明らかにされた。

・・・・・・・・・・・・・・・・・・・・・・・・・・・・・・・・・・・

Exercise 3 次の英文を聞き，かっこ内の語句を書き取りなさい。 39

1. Christmas (　　　　) (　　　　　) memories of my family.
   （クリスマスは私に家族との思い出を運んで来てくれる。）

2. He (　　　　) my car (　　　　) the embankment.
   （彼は私の車を土手に衝突させた。）

3. This water (　　　　) a lot (　　　　) vitamins.
   （この水はたくさんのビタミンを含んでいる。）

4. We should find (　　　　) (　　　　) 3 people to share the house.
   （私たちは家をシェアするのに3人以上の人を見つけるべきだ。）

5. I truly (　　　　) (　　　　) reincarnation.
   （私は本当に生まれ変わりを信じている。）

6. She (　　　　) this working system many years (　　　　).
   （彼女がこの労働システムを何年も前に作りだした。）

Lunar rocks　月岩石

　NASAによるアポロ計画で史上初の有人月面着陸を果たしたのは1969年のアポロ11号。採取できた月の石のサンプルは21.5kgほどである。その後を含めて合計で6度のアポロ計画により総重量382kgのサンプルが月面探索中に採集された。

Unit 20　翼竜の卵発見の脅威

Stunning pterosaur eggs found

Washington—A spectacular find of fossil eggs from 120 million years ago is providing unique insight into the lifestyle and sex differences of pterosaurs, the flying reptiles that lived alongside the dinosaurs.

Until now, only four pterosaur eggs had ever been found, and all were flattened during the process of fossilization.

(*THE JAPAN TIMES,* June 10, 2014)

Notes

stunning	驚くべき	pterosaur	翼竜
spectacular	目を見張る	fossil	化石
insight	見識	reptile	爬虫類の動物
alongside	〜と共に	be flattened	破壊される
fossilization	化石化		

Exercise 1　次の語の意味を選択肢（a〜f）の中から選びなさい。

1. spectacular
2. provide
3. insight
4. flatten
5. alongside
6. process

a. a series of actions
b. together with something
c. to destroy
d. clear understanding
e. to give
f. very impressive

解答欄
1. (　)　2. (　)　3. (　)　4. (　)　5. (　)　6. (　)

Exercise 2　本文を参考にして下線部に当てはまる日本語訳を書きなさい。

［ワシントン］　1億2000万年前の化石の卵の驚くべき発見は，＿＿＿＿＿＿＿

＿＿＿＿＿＿＿＿＿＿＿＿＿＿＿＿＿＿＿＿＿にユニークな洞察を与えてくれる。

今まで，たった4つの翼竜の卵しか見つかっておらず，そのすべては化石化の過程で破壊されていた。

Exercise 3　次の英文を聞き，かっこ内の語句を書き取りなさい。　41

1. My dog runs (　　　　　)(　　　　　　) all the way.
   （私の犬はずっと私と並んで走る。）

2. The cat (　　　　　) itself (　　　　　) the floor.
   （猫は床の上で伸びをした。）

3. You have an (　　　　　)(　　　　　) the hidden agenda.
   （あなたは，隠された思惑への洞察がある。）

4. We must (　　　　　) our daughter (　　　　　) a good education.
   （私たちは娘によい教育を受けさせなければならない。）

5. Forgetting pain is a (　　　　　)(　　　　　).
   （痛みを忘れることは難しい作業だ。）

6. This (　　　　　) film is the most (　　　　　) ever.
   （このハリウッド映画はいまだかつてない超大作だ。）

Fossil　化石

古い地層から発見される化石の生物はほとんどが絶滅してしまっている。しかし「生きた化石」と呼ばれる生物はほとんど姿を変えず現在まで生息している。代表的なものとしては今から4億年以上前から3億6700万年前頃のデボン紀と呼ばれる時代にいたシーラカンスなどだ。

著作権法上、無断複写・複製は禁じられています。

A Shorter Course in Newspaper English ＜Revised Edition＞ ［B-794］
5分間英字新聞＜改訂版＞

1	刷	2015年2月23日
5	刷	2021年4月9日

著　者	大澤　岳彦　Takehiko Ohsawa
	堤　龍一郎　Ryuichiro Tsutsumi

発行者　　南雲　一範　Kazunori Nagumo
発行所　　株式会社　南雲堂
　　　　　〒162-0801　東京都新宿区山吹町361
　　　　　NAN'UN-DO CO., Ltd.
　　　　　361 Yamabuki-cho, Shinjuku-ku, Tokyo 162-0801, Japan
　　　　　振替口座：00160-0-46863
　　　　　TEL：03-3268-2311（代表）／FAX：03-3269-2486
　　　　　編集者　加藤　敦

組　版　　柴崎　利恵

装　丁　　Nスタジオ

検　印　　省略

コード　　ISBN978-4-523-17794-4　　C0082

Printed in Japan

E-mail　　nanundo@post.email.ne.jp
URL　　　https://www.nanun-do.co.jp/